만인시인선·67

수묵화 치는 밤

장혜랑 시집

수묵화 치는 밤

만인사

자 서

나를 찾아온 이유가 있었는지
어스름 안개 같은, 꿈길 같은

보이지 않는 시를 만나러 혼자 헤맬 때
가슴 뛰며 풋풋하게 살아 있음을 느낀다.

빛도 명예도 없는
나의 언어가
누군가에게 한 꽃송이가 된다면…….

두 번째 시집을 세상에 보탠다.

차 례

2

차 례

3

4

차 례

5

1

사랑
—詩에게

짓누르는 거센 힘이 될 줄 모르고
그림자도 없이 서서히 다가온 너를 안는다
말 없는 나를 물이라 부르며
한 마리 물고기처럼 숨어

애인의 깊은 행장에는
뛰는 심장의 바퀴소리 하나로
푸른 수첩에 쓰는 비밀한 기쁨의 기록을
모두 쌓아 두었는데

가슴앓이로 종기 든 너 불러내
세상에게 들키고 싶은
우리의 내역은
실핏줄에까지 뻗은
서로의 그리움 들여다 보았을 뿐이다

동짓달

깊이를 알 수 없는 마음 속의 강

혼자 떨며 건너던 시절

강물 밑에 같이 살던

검고 붉고 흰

상처 많은 색색의 크고 작은 돌들

밤이 긴 날은 불쑥 바람소리로 찾아와

무늬도 없이 뿌연 서럽도록 아프고 귀한

잊혀지지 않는 돌들이 헤매던 길

늦도록 같이 헤아린다

미명에

문고리 당겨도 문이 꽉 잠겨 있다
슬며시 문고리 다시 당긴다

내가 듣지 못한 작은 숨소리
통증으로 헤매는 닫힌 마음이
방안에 혼자 있다

삶보다 더 오래 남을 수 있는 일에
계획조차 한 일 없는 책망의 대답인지
물 속 멈출 수 없는 숨은 너울 같은
오래 소리치고 싶었던 그 무엇

잠긴 문고리 쥐고
다시 달아오를 수 있는
뜨거운 방향을 묻는다

달팽이

갯벌에서도 달리고 싶은
느리다는 말을 버린 사람들

저 걸음으로
숨 가쁘게 뛰어가도 안될 일
일보다 쉬는 게 더 일인

비 오는 날
천리 밖 멀다 않고
떠도는 사람들

꽃밭 가장자리 끝동댄 듯
어디 깊고 푸른 비문에 새겨 둘
젖은 집 한 채 짊어지고
쉼없이 가고 있는

지네

한 몸의 길라잡이로
어디를 가도 들키지 않을 조용한 음모

가슴에 타올랐던 불꽃을 버린
비밀 첩보단 같은
긴 몸 아래 잔발로 오글거리며 걷는
한 걸음의 너비가 궁금하였다

一字의 초록띠가
바위 뒤로 황급히 사라졌다
유서 깊은 회고록 읽듯
지네의 잔발이 오랫동안
눈앞에서 어른거렸다

광야

초원의 물을 찾아 가는 누 떼 같이
펄펄 끓는 아스팔트 위를
끝없이 내달려오는 자동차 행렬
먼지 뒤집어쓰고 한 자리에 붙들려 있는 가로수
현기증으로 잠시 그늘 찾아 기대서다
물 한 병 발등에 내리붓는다

밤이면 상가 앞 가로수
호객용 등이 층층이 켜져 깜빡이고
낮이면 끝장낼 듯 찌는 더위
로또복권 꼴지쯤이라도 인심 쓰듯
소나기 한 판 자욱하게 내려다오

광야 어디엔가
숨어 있는 오아시스를 기다리는
저 앉은뱅이 가로수
긴 꼬리 물고 달리는 차 속의 사람들
어디를 오아시스라 생각하며 달리는 걸까

연

실 한 줄기 물고
하늘에 솔개연 떴다
삐뚤삐뚤 신들린 듯 춤춘다

혼을 부르는 굿 한 판
건둥거리며 잘도 뛰다
주저앉지 않으려 숨이 가쁘다
한 쪽 구석으로 사정없이 처박혀 눕다가
간신히 바람 비껴 불씨로 다시 핀다

바람의 폭 넓은 저울질
실이 뚝 끊어진다 해도
바람과 얼레 풀어내는 신명의 한 때
마음껏 날아보라 빌려준 여백의 자리
청정 하늘에 솔개연 떴다

짐

얇은 책장 칸막이 위
덩그러니 얹힌 매실단지

의자를 놓고 올라가
주둥이가 좁은 단지
국자로 매실 퍼내기 시작했다

곧 가벼워질 거야
누군가와 또 한 고개 넘는
때론 무거운 짐진 것이
작은 디딤돌로 바뀔 때

세상 어디에 숨겨진 믿음이 있어
가슴 밑바닥 따스해지는 그런
사람 만난 것 같다

펭귄

어린 소나무가 함박눈 맞고 있다
남극 해안가 너럭바위에
떼지어 눈폭풍 견디는 펭귄 떼 같다

차렷 자세
눈이 녹다만 얼룩얼룩한 검은 날개
바람에 휘청거리는 새끼들 무리 가운데 세운다
세상 어디를 가도
아비 어미는 바람막이다

겨울 소나무숲에서
깊은 바다 어디를 찾아 가고 있는지
오늘처럼 함박눈 오는 날은
날지 못하는 바닷새가 그립다

억새숲

안개, 허연 이불 같은
가슴 높이까지 그저 자욱한

무엇을 향해 달리는 이유도 모른 채
작은 소유도 두려워 건너뛰고 싶었던
한번도 포효해 보지 못한 패를 쥐고
무채색으로 허둥지둥 얼버무린

너이기 때문에
너만이 할 수 있는
호호백발로 달려오는

바람 붙들고 웃을 일만 남았다고
흔들리는 몸 세워
허무의 깊은 한 쪽 짚고 서 있는
나를 배웅하는

옥수수

옥수수 희고 가지런한 살
가만히 깨물어 본다
무엇으로, 이렇게 은은히 물 들린 맛
순결하다는 것이 이런 것일까

사람으로 살기 위해
작은 양심이나 책임이 잘 빠져 나가지 않게
늘 나를 붙들던 마음의 돌쩌귀
옥수수의 꽉 찬 안과 밖

그는 어떤 애틋한 걸음으로
여기까지 왔는지
오래도록 음미해 보았다

2

수묵화 치는 밤

대청마루 닦으실 때
물걸레 놓였던 자리마다
물꽃이 피었다고

봐라 여기도 그림이 그려졌네

달빛 내리는 가로수길 걷다
발 아래 깊고 그윽한 수묵화 무리무리
낮에는 인기척 몰랐다가
손님으로 놓인 사람의 마음 더듬어
밤의 손으로 만들어내는
바람의 작고 큰 나뭇잎들

화선지에 푸르스름한 옷자락 출렁거린다

어머니
나를 만나러 이 밤
수묵화 치고 계셨네

누비장

옥수수 먹을 때
당당히 화인 찍힌 살 내놓는
옥수수 꺼낸 빈자리 보면
누비장의 마음이 겹쳐지나

가랑가랑 물이 찬 논배미
어린 모의 푸른 이랑같은
수천 수만의 손끝으로 다잡은
누비장의 길이 겹쳐지나

곧고 수고로운 누비옷
한 땀 한 땀 숨은 숨결 뱉어놓은
고단한 삶을 짚는 문고리처럼
끝동 대고 시침에 인두질까지
모든 그 무엇은

거친 숨 한풀 꺾여
흐르는 시간에 얹힌 누비옷은

바다의 길로 이끄는
등대 같다

저 깊은 산

저 깊은 산
봄인 줄 모르고 눈 덮고 누웠다
생각이 깊어 바람 안고서도
쉽게 눈비 내려놓지 못한다

녹은 물로 나무도 사람도 적시는
가난한 물이 하는 말은 쉽고 부드럽다
왜, 폭포의 천둥으로 외치고 싶지 않았는가
물이 물이였으면 되었지 소리가 물인가

바다로 가다 가다
우연히 높은 물길 만나면
한두 번 저절로 폭포가 되는 것

깊은 산이 혼자 중얼거린다

형님

급한 일로 찾은 시댁, 점심 먹었다해도 동동동 뒤따라 온 형님 국수 삶았다 손톱 밑에 희끄무레 흙이 박힌 손으로 국수발 휘휘 저어 사발에 담아고 고명 없어 찬이 없네 다 자시고 들 구경 나오게 하곤 휑하니 들판으로 나가셨다 모 심느라 집집이 품앗이하다 외양간에는 소와 쇠똥과 파리 떼 득실거렸다 쇠똥에 국수그릇에 까맣게 앉아 아무리 쫓아도 나 잡아 봐라, 나 잡아 봐라 약 올린다 에라 망설이다 여물통에 국수 붓고는 소야 빨리 먹어, 정말 빨리 좀 먹어 줘 누가 오나 사방 둘러보며 중얼거렸다 바쁜 날 한참이나 아랫동서에게 땀 흘리며 달려와 국수 삶았는데 국수 한 그릇 목구멍으로 넘길 수 없을 만큼 옹졸한가 손톱 밑에 흙 때가 뭐라고 내 잣대로 재다가 핑그르 눈물이 고였다

동행길

부모님 묘 이장하는 날
황토에 돌 박히듯 부릅뜬 뼈들
오랜 침묵에 가슴이 먹먹하다

저 뼈가
부드럽게 나를 안던 어머니인가
저 흙이
용서 없이 꾸짖던 아버지였던가

천 개의 퍼즐로
한 그림이 되게 맞추며
부질없는 당신들의 이상과 소망
부부는 고된 먼 길 걸어왔던 것인가

수고로운 몸 편히 쉬시라
또 다른 흙을 덮을 때
산벚꽃 하염없이 휘날리고 있다

숲이 된 당신

큰 나무 밑에 앉으면 성자같은 나무에게도 근심이 있는지 잔가지 잔잔히 일렁이는 숨소리 오래도록 위로를 줍니다 걸핏하면 깨지고 금이 간 마음 여기 앉아 보이지 않던 푸석한 뒤척임을 후회합니다 울 줄도 웃을 줄도 아는 당신은 흔들리지 않는 뿌리 내려 흙이 부르는 이 자리에 언제부터 서 있었는지 묻고 싶었습니다 까마득한 허공 보듯 세월 흐른 뒤 기쁨과 슬픔 다 품어 본 숲이 된 당신 가까이 찬란한 빛으로 에워싼 땅 속 발이 저린 작은 씨앗으로 묻혀있던 나를 허락하신 이 땅, 나의 흙이시군요 당신은

울음꾼

산 아래 저수지 늘 웃고 산다
봄이면 온갖 꽃 한가하게 펼쳐두고
여름은 녹음 속에 안긴 매미까지 섞여
가을 저수지 위에 조는 색동옷 입은 낙엽들
내겐 세상 것 다 담아두는 집 한 채 있다

물같이 순하라
물에도 마음 있다 성현마다 칭찬하더니
여기 저기 두꺼운 저수지 관절 부러지는 소리
뚜두둑 뚜닥 뚜둑 뚜닥

물에 비친 그림자가
자신이라 믿었던 나는
용수철 탱탱 감긴
저수지의 그림자였을 뿐
겨울이 길면 오래 갇히는 얼음이었을 뿐

깊은 골짜기 혼자 흐르는 한 줄기 물도

스스로를 아는 자연이 하는 일
그냥 두라
물과 얼음, 같은 저들 끼리
왜 다른지 함께 울게 두라

사람은 울고 난 뒤 더 깊어지고
짐승도 울 때는 잡지 않는다
뚜두둑 뚜닥 뚜둑 뚜닥

행려병자

뚫어진 구멍마다 흐르는 진물
마른 대추같이 찌그러져
홑겹의 저녁 속을 걸어오는 남자
잠 못 이루고 뒤척인 여인도 있었을까

마법의 벌이 되어
꽃 따라 웃어 본 자리 간 곳 없고
쩌렁거리던 대문 앞
대장부 오셨다 금줄 쳐 복을 빌던
가문의 조상님도 계셨든가

명절 끝
모여 노는 놀이 심지 뽑다보면
0자 하나 그려진 술래도 있지
아무 이유 없는 술래였나 봐

질긴 멍에에 엎드린 행려병자여

붙들이

죽은 동생이 무섭다며 나를 찾아온 붙들이 상주는 머리에 붉은 핀 꽂으면 안 된다는 엄마의 말이 생각나 머리핀 이야기만 여러 번 했다 끝까지 머리핀 버리지 않았던 붙들이 생각난다 늦가을 어스름 축담에 둘이 쪼그리고 앉았던 얼굴도 안개 같이 기억나지 않는다 명 길고 재미있게 오래 살아줘 그리운 붙들이 이름 몇 번이나 불러 보는 늦가을 저녁 단풍잎 하나 붉은 머리핀으로 지고 있다

멍에

뒤란 말뚝에 묶인 채
새끼가 없어진 것을 안 어미는
탱탱 당긴 고삐 길이대로 돌고 돌아
둥글고 깊게 땅을 팠다

거품으로 잦아진 찰진 침
고무줄같이 늘어뜨려 흔들고 또 흔들며
핏발 선 눈 하늘 향해 들고
음무— 음무— 돌아오라 불렀다

둥근 것은 모가 없어 걷기 좋은
혼을 저미는 저 코뚜레
아무도 다가오지 않는 적막 곁에
울부짖는 어미는 멍에였다

3

동서시장에서

늦은 밤 엎드려 쓴 시
문예지 TV 신문이 아니라
수런수런 사람 오가는
어묵 떡 야채 과일 생선 국밥 마트
사려 외치는 한복판
먼지 뒤집어 쓴 시화 액자들
이 땅 어디에도 없는
평당 얼마 한다는 비싼 자리에
잠시 서서 마음 씻어 보라고
누군가 읽어주기를 기다려
사시사철 길거리에 세워둔 시
영혼이 담긴 시를 쓰리라
저절로 고개 숙이게 한다

검은 마네킹

옷 사러 가게 둘러보다가
머리카락 하나 없는 흑인과 마주쳤다
옷까지 차려 입고 의자에 가만 앉아있는
눈 코 입도 보이지 않는 검은 덩어리
옷 사 가이소

어린아이 처음말 같은
낯설고도 예쁜 말씨에 그만 깜빡
옷 사러 날을 골라 나왔듯
열 번 봐도 잘 기억되지 않을
캄캄한 얼굴에게 선뜻 잡혀주었다

검은 덩어리라 중얼거린 마음
열 번 읽어도 혼자 주절거리는 시처럼
절벽에 선 것처럼 그만 가야지
마네킹에게 죄송합니다
사과하고 나왔다

마스크를 쓰고

처음엔 독감으로 마스크를 썼지만 이제 마스크는 고마운 가리개가 되었다 모자 하나 푹 눌러 쓰면 음치 교정하듯 소리내 노래 불러도 시끄러운 차 소리에 객기가 다 묻힌다 불행은 스스로 찾아오지만 행복은 곰곰이 준비해야 온다 겨울밤 이리저리 박제된 마음 한움큼 끄집어내어 네온사인 덮인 길 자맥질하듯 마스크 한 번 써봐라 누구도 대신할 수 없는 신명이 솟아 길거리에 합죽선같이 몸 좍 편다 탈의 묘미는 직접 하지 못할 말이나 행동을 가린 얼굴로 속마음을 전하는 도구다 얼마나 멋진 봄의 설레임 같은가 사람은 누구나 한없이 변할 수 있는 희망의 생물이야 혼자 히죽히죽 웃어 보는 밤길 어릿광대 놀이하듯 취객인 나를 화장한 여인같이 유혹한다

누구시던가요

마른 세상에게 수줍음 다 맡기고
추운 무릎 가까이 돌아오는 저 꽃잎들
누구시던가 함박눈

스무 살 그 때
우리들의 거리인 듯
함박눈 속 꽃사슴같이 붉게 뛰며
동성로에 긴 머플러 휘날리던 청춘에게
못다 한 말문 같이 열어 보자고
맨발로 춤추며 찾아오는구나
마음 골짜기마다 사무친 눈을 받는다

허공에 쏟아지는
함박눈은 청춘의 시간같이 짧았다

초원의 빛이여 꽃의 영광이여

다시는 돌아오지 않는다 하여도 서러워 마라*
거리를 걸으며 외웠던 많은 시들은
눈 그친 길 위에서 서성거렸다

지나간 것은 다시 올 수 없는
시시때때 솟아나는 푸른 빛의 여운이며
더는 가질 수 없는 생의 불꽃이었다

---

* 워즈워드의 「초원의 빛」에서

납작만두

이 보다 더 속없이 납작할까
한번도 먹어보지 못했다는 김시인과
납작만두 접시가 놓여 있는 서문시장 좌판
이게 만두라고 이걸 판다고
웃고 또 웃었다

해질녘 누가 삿대질해대며 머리 치는 말
그 때를 살아 봤나, 살아 봤나
밀가루 반죽 손바닥 만하게 밀어 그 속에
불은 당면 서너 가닥 부추 두서너 줄기
반으로 접어 쪄 기름에 애둘러 구워내어
간장에 찍어 먹는 납작만두

가난이 아득해 손등의 푸른 정맥 같은
만두 속에 투명하게 비치는 부추가
눈 부릅뜬 희망이었던가
굵은 당면 잡을 동아줄이라 안타깝게 믿었는지
빈 집인가 두드리면 누가 살고 있다

인기척하듯 납작만두 속에
당면과 부추가 맛나게 익어 있다

문양

대구지하철 2호선 끝
미리 차들이 마중 나와 있는 문양
저 멀리 깊이 숨어 있어 죄송한 식당들

여름밤 반쯤 가린 신식 원두막
방충망 밖
냅다 달겨드는 하루살이 떼
와글와글 기다리고

담백한 유황오리와
정치 경제 실업을 숯불에 구우며
높은 절벽의 한계 넘지 못하는 우리가
저 하루살이 떼와 무엇이 다른가

누가 오거나 가거나
녹음방초에 싸인 문양 또 다른 한 쪽에는
가쁜 생 찬미하듯 별처럼 피어오르는 반딧불이

파도 없는 곳 있나
깊고도 시퍼런 파도 따라 굽이굽이 넘어 보자
밤하늘 가득 불꽃 일으킨다

광대

아파트 상가 어느 집 개업한다
사당패들, 이유 불문 마이크 볼륨 끝까지 올려
하나의 소리로 동네 묶어버렸다

관광버스 타면 누가 무엇이 왜
아줌마들 가슴으로 우는 몸부림이 저랬지

종일 대한민국 노래 다 부르고
꾸메에에에 사알고오오
꾸메에에에 죽우욱어어어
연지 곤지 찍고 시퍼렇게 언 몸 광대옷 입었어도
올 굵은 삼베같이
걸걸한 소리 한 자락할 줄 아는
저만한 남자라면

이 방 저 방 베란다 청소하다
어깨 엉덩이 들썩이며 껑충
같이 광대되어 갈팡질팡 뛰어본다

전망 좋은 앞산처럼 탁 트이게 돋아난 이 신명
생긴대로 풀어헤쳐 만개한 꽃처럼
덕분에 하루 잘 살았다

별

백수 남자 동네 혼자 놀고 있는 넓은 공터를 보았다 아파트 사이 비싼 공터도 실업중이다 누구의 땅이거나 말거나 질펀하게 잡초는 우거져 태평성대 이루었다 틈만 있으면 엉덩이부터 들이대고 보는 푸른 잡초의 싱싱한 눈들이 일제히 그를 쳐다보며 손을 흔든다 텔레비전을 켜면 인간 별들이 쏟아진다 저 별은 나의 별 저 별은 너의 별 막막한 밤 덩그러니 혼자 앉아 좋아하는 밤하늘의 별을 보다 벌떡 일어서며 늘 있는 하늘의 별은 나중에 봐도 돼 이 시대 밥이 안 되는 별을 바라보는 바보가 나하고 또 몇이나 더 있을까 나이 한 살씩 먹을 때마다 세상의 별이 더 되고 싶었고 그리웠다 공부 안 한 잡초도 제자리가 있는데 처음부터 저 높은 곳을 향해 죽어라 공부만 한 자신이 잡초에게 길을 묻다니 그래 잡초처럼 엉덩이부터 들이대고 보는 거야 길가 민들레 홀씨들 잠자리 날개같은 너울 쓰고 바람 타고 날릴 때 도착지 모르는 저 작은 꽃씨의 길 한참을 서서 보았던 적 있다 민들레 홀씨처럼 혼자서는 날 수 없는 바람을 기다린 자신이 지금까지 거쳐 온 어둠을 주춧돌 삼아 숨이

멈출 듯 닫힌 길을 달려 당당한 별이 되겠다 두 팔 높이 쳐들어 다시 한 번 자신을 응원한다

아무리 늦어도 그 언제
백발의 가슴이 못다한 하늘의
아름다운 별을 보러 나설 것이다
훨 훨 훨

명화극장

대낮, 여자 둘 남녀 그런 내용의
그 상대의 남자 이 만큼의 가치가 있는 사람인지
깊이 박혀있던 이물질 꺼내버리듯
원색 화보 찍는 격정을 본다

마음이 좋은 곳 가까이 있으라 했지만
대가족 속에 대판 한번 싸워 보고 싶었던
남의 이목으로 차마 하지 못한 것
잘 한다 잘 한다 신음 뱉으며
한 발 물러서서 구경한다

대문 없는 집이 많았던 1950년대
고함 소리만 나면 동네 조무래기들
폐허 위에 겨우 세워 둔
관솔 빠진 담장 구멍에다 눈 대고
호기심 반 부끄러운 줄도 몰랐다
싸움질이 가난과 모자라는 이성이 제자리를 찾지 못한
복싱을 정당한 운동으로 열광하고

스릴 느끼며 보는가 싶다

명화 한 편 본 것보다 감명 깊은
나의 비릿한 야성 한 대 쥐어박으며
왜 이리 시원하고 통쾌할까

흠 성공했군

내복 허리 고무줄에 총칼 차고
네살배기 손자 준영이와
하루에도 수십 번 총칼싸움 숨바꼭질한다

으으으윽, 쓰러지면
아파도 울기 없기로 약속한 싸움으로
아이는 흔 성고해궁 한다
TV 만화 캐릭터가 하는 그대로
정정당당 항복하고 변명 없이 죽는다

뻣뻣한 마음에 깃발 한번 꽂겠다고
속으로 얼마나 우겼든가
이렇게 가볍게 죽고 두 손 드는 항복놀이
시도 때도 없이 하다 보면
까짓것 죽음과 항복 한번 해보지 뭐 무심해졌다

잠시도 가만히 있지 않는 아이 보는 일
자식들 걱정할까 말도 못하고

혼자 눈물 나게 서럽던 시간들
나를 내려놓는 가르침의 큰 선물이 기다릴 줄이야

흠 성공했군 내가

울컥

낯선 곳 태극기 혼자 펄럭이는 걸 보면 혼자 가슴에 손 얹고 동해물과 백두산이 마 그만 울컥 공중파 방송에 다 뭉그러진 두 손으로 아픈 자식의 얼굴 비비고 만질 때 울컥 올림픽에서 최선을 다 했지만 쓸쓸히 퇴장하는 선수의 뒷모습에 울컥 어느 명산 절벽에 서서 정상만 정상이 아니란 걸 늦게 알았을 때 괜찮아 남 몰래 나를 위로하며 몇 번이나 울컥 한 끼 밥을 위해 밥있는 곳 간절히 쳐다보며 줄 선 사람들 멋쟁이 없어도 봉사하는 이들이 고마워 울컥 어릴 때 다리 밑에서 주워왔다고 놀려대 내 엄마는 어디 있어 뒤란에 숨어 자주 울었던 생각에 울컥 남의 결혼식에 가서 축복하다 저 부부는 생의 파도를 어떻게 넘을까 주제 파악 못하고 울컥 오랏줄에 묶여 경찰차에 오르는 죄수 왜 많은 것 중 하필 어두운 세상쪽을 먼저 봤을까 또 울컥 이게 오지랖 넓은 주책인지 살아있는 싱싱한 심장을 만져보는 이 울컥

이래 좋은 날

경주역 입구
여러 개의 벤치에 사람들 쉬고 있다
그 중앙에 등산 갔다 돌아온 일행
남은 음식을 먹는 것 같다

한 남자 인사불성으로 누워 있다
아무도 신경 쓰지 않는 가운데
그들 끼리 술을 마시고 떠든다
인사불성인 남자 벌떡 일어나 담배 빼물고
아무 일 없는 듯 일행과 섞인다

가끔씩 이쪽까지 들리는
서로의 이력 이미 다 안다는 듯
춤추고 떠들썩한 노래 없어도
이래 좋은 날은 슬며시
가슴 어디에 숨어 있다

지하철 예수

지하철은 예수를 만나러 가는 사람들로 붐빕니다 만나지 못하고 돌아오는 사람들도 늘 섞입니다 지하철은 예수를 만나고 싶어 하는 역 이름을 가르쳐 줄 뿐 아무 말이 없습니다 문이 열릴 때마다 너무 오래 잠든 예수를 깨우러 팝콘처럼 튀는 왁자한 발소리들 다른 이의 가슴에까지 들어와 앉습니다 날마다 백만 대군 이끌고 어두운 터널 앞장 서 달리며 반드시 약속을 지키며 온다는 당신이 우리의 예수라고 믿고 싶은 시대 언젠가는 천국으로 가는 길을 지하철이 안내할 것이라 믿습니다 오늘도 떠나는 사람들과 허전하게 돌아오는 사람들은 지하철에서 보이지 않는 예수를 기다립니다

4

봄편지

담을 넘지 못하는 가슴의 불씨
겨울밤 지키는 고드름이 나였습니다

눈 한 짐 덮인 바위 밑
거꾸로 세운 죽창 같이
당신, 단단한 고드름으로 묶이기 전
우리는 뒤돌아보지 않고 흐르는
물로 돌아 섰습니다

뿌리 가진 것들
쓰디쓴 목소리 알아듣는 봄이 오면
낮은 봄비로 다가가 두엄같이
캄캄한 말문 열고 싶습니다

성밖숲

칠팔월 한 길 밖에 모른다
심심산골 어느 동네 이름 같은
안개와 마중 나온 일자로 곧은 맥문동

수백 년 묵은 왕버들숲 아래
빼빼로처럼 소복소복 핀 보라꽃
맛 있어요 잡숴 보실래요
까마득한 먼 손자들까지
일제히 일어서서 두 손을 내민다

꿈의 무늬를 꿈꾸었을 성밖숲
언 물처럼 닫힌 마음들 불러내 달래는
성주를 더 큰 성주로 만든 왕버들숲

어린 나무 심던 그날처럼
오늘도 쏟아질 햇살 기다리는
보랏빛 새벽이다

상사화

땅을 기면서 무더기로 꽃 피우고
모르는 나무 끌어안고 고개 숙여도 사는
아침 이슬 문안 받는 산과 들
이 나무 밑에는 인사가 없다

지척이 천 리일 뿐
살 없고 뼈 없는 목울대 꺾어
꽃의 몸으로 아득히 부르는

붉은 볏 세우듯
받쳐 든 적막한 유산
꽃 피면 잎이 없고
잎 피면 꽃이 없다

세상에는 있되 만날 수 없는
먼 그대여

사슬을 풀다

광양 매화마을에서 묘목 사오며
이 나무 키워 그 꽃 아래
절창의 시 한 편 쓰리라 꿈꾸었다

칭칭 쇠사슬 감지는 않았지만
이 화분 저 화분으로 분갈이하다
이게 아닌데, 정말 이건 아닌데

긴 날
시 한 행도 쓰지 못하고
거실 천정까지 자란 나무
승용차 속에 구부려 안고
고향으로 간다

나 답답해
귀머거리인 내게
말 알아듣기 얼마나 기다렸을까

펄펄 눈 내리는 겨울
인적 없는 길 혼자 걸어
고고히 핀 매화꽃 보며
미처 못 본 가슴 열어 볼 것이다

잎에서의 하룻밤

유리벽 안쪽으로 장식된
온통 꽃밭인 사진 앞에
나비가 미끄러진다 설레다 미끄러진다

달과 별 없이도
소문난 홍콩의 야경
잠시 예약된 숙소의 정원을 생각한다

꽃 속이
오늘 안식의 자리다 믿고 더듬는
지쳐 쉽게 손에 잡히는 나비야

우리 사는 곳 한 송이 꽃을 위해
파수꾼되어 둘러쳐진 푸른 잎 천지
잎은 누구인가
오늘 밤, 의식의 경계 허물어 보는
미련 없는 속삭임 만나게 될 것이다

천일염

누구의 충고도 받지 않는 거센 바다
모든 헛것들 절망 일으켜 세우는 水車를 밟으면
봄부터 가을까지 소금이 오신다
바닷물 백 바가지가 한 줌 소금으로 오신다

밤이면 눈물 엉킨 서로를 끌어안고
파도를 불러도 대답 없고
바다를 불러도 대답 없다
밤낮 벌거벗고 말라가다 남은 뼈가
바다의 희디흰 쌀이다

鹽夫의 모진 시간과
바람 햇볕 바다가 동업해 만든
짜면서도 쓰지 않고 조용한 기쁨같이
오래 두어도 변할 줄 모르는 그대같은 이
우리 사는 곳에 몇이나 있을까

복날

마당 후진 곳
여러 마리 닭을 키웠다
닭은 주인 모르는 건 천성이고
마루 방 아무 데나 뛰어올라
똥 싸고 땅을 파 여기저기 싸워댔다

복날이면
어른께 드린다고 한 마리 잡아
터실터실 무늬지고 굵고 단단하게 뻗은 발이
숟가락에 뜨여 목구멍으로 넘어 가는 것 같아
오래도록 닭고기 먹지 않았다

주인 모르는 닭에게
우리 집 식구들
오래도록 연민같은 예절을 지켰다

운부암 늦은 저녁

운부암 늦은 저녁
입 다물고 깔린 낙엽을 밟는다
나 늙으면 다리 아파
낙엽 밟듯 부석부석 밟아 줄 이 누구일까

개울에 물 넘듯 초롱불 켠듯
날 서도록 산길 찾는 발자국들
가을 속에서 스스로 익을 줄 알아
펑퍼짐한 나무 밑
가을비 후드득 북이 되어 우는

꿈꿀 일 없이 낙엽은 떨어져
묵묵히 저 혼자 거름되는 일
잊지 않고 돌아오는 푸른 봄이 있어
구겨진 몸 마음껏 비를 맞는다

산에도 파도가 있다

허구한 날
바다만 보고 살아온 섬 속의 작은 산
산에 사는 나무도 파도를 닮아
파도 거셀 때는 산까지 말 타듯 뛴다

내가 세상에게 배운 것이 이것뿐이다

바다 속
아직도 짚어내지 못한 그 어디쯤
이명처럼 들리는 그의 숨소리

철썩이는 가슴 곳곳
꽃 피고 꽃진 자리
메아리도 없이 외로워 목이 꺾이는
산에도 파도가 있다
혼자 뛰는 파도가 있다

가을비

가을이면
마음 헤매는 사람과
단풍 따라 먼 길 오는 빗소리

해거름 둥지 찾아 날아가는 흰새 떼
소리 꺾어
가을산 드문드문 소식 묻는다

연년생 같이 낮은 산들
하늘과 땅이 조용히 내려앉아 서로 가깝다

낙엽진 연 꼬리같은 오솔길
모진 刑吏의 채찍질로
이 산천 서럽도록 다 적시는
가을비 맞는다

배신이라는 말

긴 가뭄에 천지를
타작하듯 뛰는 천둥소리

옷 푹푹 젖으며 밤새도록
반가운 비와 같이 있었네

처마 끝 함께 바라 본 죄 밖에
이렇게 빨리 떠날 걸음일 줄

속수무책 돌같은 내 마음
낙수가 먼저 뚫고 돌아 섰네

5

봄눈

사월의 끝
철없는 폭설이 내려
이제 막 내민 여린 꽃봉오리
눈부신 천형에 갇힌다

아직 다 꺼내보지 못한
생애 물들일 날들 만날 수 있을까
적막보다 더 아픈
천 길 낭떠러지 같은 시간 참으며
땅과 계절을 가리지 않고
원망 없이 피고 진다

붉은 숨 마디마디 물들여라
천천히 아주 천천히

추상 한 점

물안개 낀 온천문 밀었을 때
저게 그림인가 착각하던 사람의 등
빼곡하게 푸르딩딩한 보라색의
금방 선혈이 흐를 듯 부황 뜬 자국들
몸은 말하지 않아도
시간의 흔적 하나하나 그려 놓았다

야단스레 문신한 몸에서는 느끼지 못한
저 무늬를 수없이 거른 거름망은
얼마나 허전한 불꽃이었을까

개성 있고 스케일 큰
아름다운 것만 그림의 소재가 되지 않는
파스텔처럼 넋 놓고 풀어헤쳐진 너
일찍 만나 보지 못한
걸작의 추상 한 점

변명

조류도감을 펼쳤다
모성애가 없는 뻐꾸기 어미
속임수로 살아 갈 수 있는 본능을 주어
남의 둥지에 알 다 밀어내고
붉은오목눈이가 주는 먹이로
명성 높은 새가 되었다

조류도감 읽은 후부터
죄송합니다 미안합니다 할 줄 알았는데
제 것 못 지킨 붉은오목눈이
산천이 울리도록 구성지게 마음 흔들어 준
사기꾼 피도 정당하다

누가 뭐래도
나는 아티스트 뻐꾸기다
뻐꾸욱 뻐어꾹

나스카 라인

시간은 누가 지으셨는지
불러도 멈춰 서거나 뒤돌아보지도 않는
허공처럼 더하기도 에누리도 없다

뜨거운 태양 아래
비를 기다리는 목마름은
하늘 높은 곳
신이 흠향할 수 있도록
구원의 제물과 감사로 바쳐진
거미 벌새 원숭이 우주인 손
갖가지 문양들

아무리 눌러도 다시 솟아나는
기도가 하늘에 닿기까지
페루의 땅 위에 바쳐지고 있는
고대 잉카여!

출근길

차가 잠시 지나지 않자
횡단보도는 당연히 빨간불인데
사람들 와르르
주춤거림 한번 없이 지나간다

그럴 생각 전혀 없었는데
도미노게임 졸지에 함께 쓰러지듯
휩쓸려 길을 건넜다

머리까진 공중도덕이 있었는데
뼈 속까지 스며들지 않는다
엎드려 가라앉은 찌꺼기 같이
이 편한 굴복

나는 아직 여기까지다

콩나물의 함성

씨 속에는
잎 줄기 꽃 열매가 맺히는
한 생이 이미 저장되어 있다

콩보다 더 흔한 것 같은 콩나물
한 마리 벌도 없이
퍼붓는 물줄기에 검은 이불 덮어
가야 할 길 몰라 기형이 되었어도
이미 한 역사를 썼다

야채더미 한 모퉁이
남루한 시루의 거적 벗겨내자
살아 꿈틀거리는 노란 무더기
와! 만세 부르듯
피었다 피었다 콩나물
함성의 절창이다

누구도 그린 적 없다

해거름
찐득한 논 가장자리
쪼그리고 앉아 벼이삭 뜯는
천둥 번개 함께 만나고 배웅했을
까치 한 쌍

진화를 거부한
막 밥 익는 냄새 나는
김제 만경 황금들판

첩첩 찾아 든 석양과 맞물려
누구도 그린 적 없는
자연의 가슴이 큰 붓이 되어
聖畵 그리는 중이다

문텐 로드

얼마나 좋아
아무나 갈 수 없다고 믿는 천국
오늘도 갔다 왔다

수억 만 마리의 비단뱀들
해운대 밤바다 은빛 달빛
가는 시간도 참고 서 있다는 바닷가 기찻길
빽빽한 해송 사이 얼비치며 휘어진
문텐 로드를 걸었다

한 치 여백 없는 어제와 오늘
캄캄한 밤처럼 어둡고 두려울 때
잘못 든 길 뒤돌아 나올 수 있게
지천으로 깔려 동행해 주는
아무 조건 없는 사계의 천국들 뒤엔
눈물 많은 지구라는 따뜻한 별이 있어
점프하라

누구에게든 탄탄한 스프링되어
다시 한번 뛰어 오를 수 있게
마음의 고삐 잡고
함께 넘어 줄 것이다

누군가의 뒤에서

나보다 좀 더 일찍 출발했다는 이유에서 뒤에서 오는 발자국 소리 듣지 않고 갈 수 있도록 그가 가뭇하게 멀어질 때까지 기다렸다 싸락눈 오는 텅 빈 신천 마음 머물 고즈넉한 갈래길 찾느라 홀로 걷는 그에게 뜻하지 않은 타인의 내면 보일 듯 말 듯 읽는다 때론 아무도 없는 길 위에서 치부를 다 드러내놓고 마구 소리치고 싶은 자신의 억울함을 삭이는 그런 시간일까 흔하지 않는 시간을 쪼개 나선 금시초면인 그에게 불청객이 되고 싶지 않았다 너무 멀리 간 혼자의 착각일까 지친 자신을 절제하고 곧추세우는 뒷모습이 아름다운 사람을 느끼는 시간 언제 누구에게도 기꺼이 비켜서 기다려 주고 싶다

합창

TV는 물론 없었고 라디오가 저보다 더 큰 배터리 등에 지고 그것조차 집집마다 없던 시절 늦은 저녁 시름에 겨워 술 한 잔한 남자 가끔 길 지나가며 휘파람이나 노래를 불렀다 동네는 그 노래에 잠시 젖어 누워서 잠결에 일하면서 울 때도 속으로 잔잔히 누군가가 부르는 노래를 이웃과 아버지는 잘 따라 부르셨다 어스름한 밤 그 노래로 하루를 정화시켜 주던 고성방가라 아무 책망 없었던 그 때 깊이 파고 든 시름의 그 사람을 이해하고 그 노래 가사에 젖어 낙엽 지는 가을 적막히 눈 내리는 겨울밤 아버지와 같이 생의 한 고개를 넘던 각자 다른 곳에서 함께 부르던 노래 그들만의 잔잔하고 아름다운 서정이 있었다

백년 찻집

탁자 위에 놓인 책자
죽어서도 잊지 못 할 당신이다
막 뱉어놓은 유행가 가사 같아
한 쪽으로 밀쳐놓았다

언덕 위 백년 찻집 내려오며
어디에 나를 바칠 것인가
차마 고백하지 못한 것 내게도 있는지
꽃피는 시간 서성이다 돌아갔을
누군가의 마음이 소매를 붙든다

사람은 쉬 늙지 않는 꿈의 존재
죽어서도 잊지 못할 당신 없이도
잘 살아 왔는데
기억해야 할 그리운 마음
봄비에 젖어 하루를 헤맨다

나 잘 보셨수

독감에 약에 취해 버릴까 하던 헤진 옷 입고 샌달 끌고 휘청거리며 헝클어진 머리 바람까지 보태 더 부스스한 채 주스 사러가다 긴가민가 오래 돼 기억조차 희미한 사람과 마주보다 지나쳤다 친구의 말이 얼마나 잘 사나 보자 했다던, 그렇게 옆도 보지 않았던, 내가 어디 숨겨둔 소망 하나 없는 몰골을 하고 그가 맞다면 측은 보다 쌤통이야 했을지도 모른다 까맣게 잊은 그 말이 왜 떠올라 큰길에서 쥐약 먹은 듯 꼬인 몸 오랜만에 소리내어 웃었다 감기 몸살이 확 풀리며 나 잘 보셨수 빚진 듯 했던 그 옛말 허공 속으로 깨끗이 흩어졌다

| 해설 |

시의 행간으로 걸어 들어가는 리얼리즘 시학

김선굉(시인)

1

시는 인생과 세상을 연주하는 유력한 방법이다. 시인은 그 연주를 위해 그의 가슴에 현을 걸거나 건반을 배치한다. 그리고 그 현에 활을 갖다 대거나 건반에 손가락을 얹는 것이다. 이런 생각이 다채롭게 확산되면 참으로 미묘한 세계가 우리 인생 앞에 펼쳐진다. 시인은 그의 가슴 속에 울림이 큰 한 채의 북을 준비할 수도 있고, 혼을 두드려 빚은 장엄한 징을 걸 수도 있으리라. 그리고 자신의 세계관과 감각으로 미분한 생의 한 순간을 연주하는 것이다.

제대로 된 서정시는 그 현과 건반, 북소리와 징의 울림에 일정한 질서를 부여할 때 완성된다. 순간을 영원으로 치환하는 것. 그것은 모든 예술의 절대 사명이며 시는 더욱 그렇다. 그러므로 현에 함부로 활을 댈 수 없으며, 건반에 함부로 손을 얹을 수가 없으며, 북이나 징을 함부로 내리칠 수 없는 것이다. 미학적 신념이 내면화되고 체화될 때를 기다려 시인은 비로소 그의 문맥에 소리를 얹는다.

시는 화해를 지향하는 서정의 문학이며 상처를 어루만지는 언어의 노래다. 그 음악적 소리 상징을 시각 이미지로 치환하면 어떻게 되겠는가. 시는 인생과 세상을 형상화하는 유력한 방법이라고 하면 되겠다. 현대 서정시의 주류는 시의 음악성보다 회화성을 추구하는 흐름을 보여주고 있다. 시정신의 스팩트럼이 낭만주의를 넘어서서 표현주의를 향해 나아가면서 생기는 자연스러운 현상이다. 장혜랑 또한 주로 시각 이미지를 통해 우리를 그의 작품 세계 속으로 안내하고 있다. 그는 인생과 세상을 그리기 위해 화선지와 먹을 준비하고 있다. 그리고 첫시집의 연장선 상에서 세상을 향해 보다 원숙한 붓놀림으로 완성한 서정시편들을 묶어 내고 있다. 이것이 그의 두 번째 시집 『수묵화 치는 밤』을 가로지르는 세계며, 그는 이 시집을 통해 리얼리즘 시학의 한 진면목을 열어 보여주고 있다.

대청마루 닦으실 때
물걸레 놓였던 자리마다
물꽃이 피었다고

봐라 여기도 그림이 그려졌네

달빛 내리는 가로수길 걷다

발 아래 깊고 그윽한 수묵화 무리무리
낮에는 인기척 몰랐다가
손님으로 놓인 사람의 마음 더듬어
밤의 손으로 만들어내는
바람의 작고 큰 나뭇잎들

화선지에 푸르스름한 옷자락 출렁거린다

어머니
나를 만나러 이 밤
수묵화 치고 계셨네
—「수묵화 치는 밤」 전문

장혜랑은 2011년 가을, 등단 십오 년만에 펴낸 첫시집 『바람의 입』에서 〈속절없이 갇혀 있던 내 시여,/밝은 세상 밖으로 마음껏 날아가라./역경 속에 살다 가신 어머니께 이 시집을 바친다〉(「시인의 말」)고 했다. 그리고 십여 년의 세월을 건너 두 번째 시집을 펴내고 있다. 그는 여기서 제대로 된 사모곡 한 편을 어머니께 헌정하고 있다.

그는 〈물걸레〉로 〈대청마루〉 위에 〈물꽃〉을 피우며, 〈역경 속에 살다 가신 어머니〉를 〈푸르스름한 옷자락 출렁거리〉며 〈달빛 내리는 가로수 길〉 위에 〈깊고 그윽한 수묵화〉를 〈치고 계〉시는 어머니로 환생시키고 있다. 〈대청마루〉에

〈물꽃〉을 피우는 사람도 어머니며, 〈가로수길〉 위에 〈수묵화〉를 〈치〉는 사람도 어머니다. 과거와 현재, 저승과 이승의 대담한 병치 속에서 이루어지는 어머니와 딸의 해후가 한 폭의 깊고 그윽한 수묵화로 아로새겨지고 있다. 시인은 〈물꽃〉과 〈수묵화〉를 〈어머니〉 이미지로 대상화함으로써 시의 모더니티를 확보하고 있다. 특히 이 작품은 이러한 방법을 통해 동기감응(同氣感應)의 에너지를 저릿저릿 느끼게 해주고 있다는 점에서 더욱 주목된다.

2

장혜랑의 작품들은 전반적으로 자아와 세계를 대상화하고 객관화하면서 회화적 상상력으로 생의 리얼리티를 구현하고 있다. 그의 상상력은 허공을 헤매지 않는다. 대부분 손을 뻗으면 닿을 만한 일상적 삶의 반경 안에서 제재를 건져올리고 있다. 나아가서는 자신의 삶은 물론 내면 세계에서 마주하는 자아를 타자화하고 있다. 이처럼 일상적 삶 속에 깊숙이 닻을 내리고 있는 그의 작품들은 사실적으로 전개되면서 시인의 체온과 맥박을 실감나게 전해 주고 있다. 장혜랑 시의 리얼리즘적 특성은 첫시집 『바람의 입』을 관통하고 있는 핵심적인 미학 코드며, 이것은 두 번째 시집 『수묵화 치는 밤』에 와서 더욱 원숙하게 심화 확장되고 있다. 이런 흐름 속에서 파생되는 가장 큰 특성은 자신의 몸과 내면을 향한 진지한 응시와 성찰이다.

등잔 아래 일도 분별하라
산사에만 있는 줄 알았던 경전이
태어날 때부터 손가락 안쪽에도 있었구나
천둥이 되고 싶도록
채근하던 긴 어둠이 풀어지면서
겨울 대낮의 별이 가슴 속으로
밀물 들어오듯 걸어 들어왔다

두 권의 지문경을 접어 합장한다
—「지문경」 부분

발가락 끝의 둥근 발톱들
두 눈으로 어두운 길 바르게 못 갈까
구두 속에 숨은 열 개의 눈이
가슴 조이며 나를 끌었다

왕잠자리 눈 같은 발톱

발가락들 앞앞이 이름을 붙여주고 싶었다.
—「동행」 전문

그의 첫시집 『바람의 입』에서 건져올린 이 두 편의 작품에는 원로 시인 정진규가 개념화하고자 했던 〈몸詩〉의 정신이 소박하면서도 따뜻하게 구현되고 있다. 내 몸의 발견과 그 발견을 통한 존재론적 통찰은 내면 속으로 깊숙이 걸어 들어가서 자신의 진면목과 대면하지 않으면 건져올릴 수 없는 세계다.

〈태어날 때부터 손가락 안쪽에도 있었〉던 〈지문경〉의 상상력. 〈구두 속에 숨은 열 개의 눈〉으로 형상화되는 〈발가락들 앞앞이 이름을 붙여주고 싶〉은 애틋한 욕망. 그 서정적 상상력과 욕망이 〈손가락〉과 〈발가락〉으로 구체화되면서 뜨거운 공감과 깊은 감동을 전해주고 있다. 이와 같이 그의 시는 내 몸에서 출발하고 있으며, 자신의 내면에서 만나는 자아와 세계와의 관계 위에서 펼쳐지고 있다. 사물시나 여행시의 경우에도 그는 시의 문맥에 자신의 존재를 얹는다. 이처럼 그는 이미 첫시집에서부터 현실적 삶의 반경 안에서 제재를 건져 올려 시의 현장성을 확보하고 있으며, 자아를 대상화하거나 시의 문맥에 자신의 체중을 실어감으로써 개성적인 리얼리즘 시를 구현해 나가고 있다.

3

두 번째 시집 『수묵화 치는 밤』 또한 관념을 벗어난 자리에서 빛나고 있다. 그의 시 세계는 일상적 삶 속에서 리얼리티를 건져올리는 첫시집의 창작 메카니즘이 보다 심화 확장되면서 공감과 호소력과 얻고 있다.

뒤란 말뚝에 묶인 채
새끼가 없어진 것을 안 어미는
탱탱 당긴 고삐 길이대로 돌고 돌아
둥글고 깊게 땅을 팠다

거품으로 잦아진 찰진 침
고무줄 같이 늘어뜨려 흔들고 또 흔들며
핏발 선 눈 하늘 향해 들고
음무— 음무— 돌아오라 불렀다

둥근 것은 모가 없어 걸기 좋은
혼을 저미는 저 코뚜레
아무도 다가오지 않는 적막 곁에
울부짖는 어미는 멍에였다
—「멍에」 전문

누구의 충고도 받지 않는 거센 바다
모든 헛것들 절망 일으켜 세우는 水車를 밟으면
봄부터 가을까지 소금이 오신다
바닷물 백 바가지가 한 줌 소금으로 오신다

밤이면 눈물 엉킨 서로를 끌어안고
파도를 불러도 대답 없고
바다를 불러도 대답 없다

밤낮 벌거벗고 말라가다 남은 뼈가
바다의 희디흰 쌀이다
—「천일염」 부분

서정적 화자의 시선이 대상을 직시하고 있다. 응시의 수준을 넘어서서 대상과 그 대상이 빚어내는 상황을 동영상처럼 사실적으로 기록하고 있다. 그 기록을 통해서 직관해내는 미학적 메시지가 작품의 주제가 될 터이다. 작품 「멍에」는 〈코뚜레〉라는 사물을 통해 존재의 비극적 상황을 상징적으로 통찰해 낸다. 「천일염」은 어떤가. 〈바닷물 백 바가지가 한 줌 소금으로 오〉는 준엄한 현실이 참으로 아프게 다가온다. 힘들다거나, 아프다거나, 괴롭다는 어떠한 수식도 절제된 채 소금이 만들어지는 객관적 상황이 담담하게 기록되고 있다. 그리고 그 소금은 〈바다의 희디흰 쌀〉이라는 눈부신 이미지로 아로새겨지는 것이다. 장혜랑은 이처럼 사물과 현상을 대상화해서 리얼리티를 부여하고 객관화함으로써 완성도 높은 현대적 서정을 구현해 나가고 있다.

이러한 작품들은 장혜랑 작품의 또 다른 중심축이 서정적 자아가 시의 문맥 속으로 걸어 들어가면서 확보하는 현장성임을 보여주고 있다. 그의 시적 정체성은과 개성은 이런 작품들을 통해 가장 뚜렷이 실현되고 있다. 시의 행간에 체중을 싣는 것. 이런 방법론은 자칫 매너리즘으로 흘러갈 우려가 있지만, 장혜랑은 그 한계를 무리 없어 넘어서고 있으며, 풋풋한 인간미, 존재의 심연을 향한 통찰과 연민을 생동감 있게 표현함으로써 강한 공감과 호소력을 얻는 데 성공하고 있다.

부모님 묘 이장하는 날
황토에 돌 박히듯 부릅뜬 뼈들
오래 침묵에 가슴이 먹먹하다

저 뼈가
부드럽게 나를 안던 어머니인가
저 흙이
용서 없이 꾸짖던 아버지였던가

……중략……

수고로운 몸 편히 쉬시라
또 다른 흙을 덮을 때
산벚꽃 하염없이 휘날리고 있다
—「동행길」 부분

이보다 더 속없이 납작할까

한번도 먹어보지 못했다는 김시인과
납작만두 접시가 놓여 있는 서문시장 좌판
이게 만두라고 이걸 판다고
웃고 또 웃었다

……중략……

가난이 아득해 손등의 푸른 정맥 같은
만두 속에 투명하게 비치는 부추가
눈 부릅뜬 희망이었던가
굵은 당면 잡을 동아줄이라 안타깝게 믿었는지
빈 집인가 두드리면 누가 살고 있다

인기척하듯 납작만두 속에
당면과 부추가 맛나게 익어 있다
—「납짝만두」 부분

이 작품들은 그의 시 세계의 또 다른 한 축이 생생한 현장성에 있음을 보여 주고 있다. 그는 〈부모님 묘 이장하는 날〉 바로 그 현장에서 〈수고로운 몸 편히 쉬시라/또다른 흙을 덮〉고 있으며, 친구 김시인과 〈납작만두 접시가 놓여 있는 서문시장 좌판〉에 앉아서 〈웃고〉 있다. 어떤 사물이나 현상이 시의 대상이 되는 것이 아니라 서정적 자아 자체가

시의 대상이 되어 관찰되고 기록되는 것이다. 드문드문 나레이션처럼 주관적 서정이 끼어들기도 하지만, 대부분의 경우 시의 문맥 속에서 엄격하게 대상화되어 있는 자아를 만날 수 있다. 장혜랑 시의 이러한 특성을 '시의 행간으로 걸어 들어가는 리얼리즘 시학'이라고 말해도 좋을 것 같다. 이처럼 그는 자아와 내면을 응시하면서 건져올린 이미지를 특유의 서정적 목소리로 아로새기고 있다. 그 목소리의 음색과 톤, 방향성의 연장선 위에서 두 번째 시집 『수묵화 치는 밤』의 세계가 전개되고 있음은 두말할 필요도 없다.

4

장혜랑의 서정적 상상력은 시간적으로 현재와 공간적으로 여기로 압축되는 좌표 위에서 작동하고 있다. 그리고 작품의 방향성은 크게 두 갈래로 흘러가고 있다. 그 하나는 사물과 현상을 대상화하는 사물시의 방향이며, 또 다른 하나는 서정적 자아를 대상화하여 존재론적 의미를 탐색하는 생활시의 방향이다. 그리고 이러한 두 갈래의 방향성 위에서 개성적인 작품 세계를 열어가는 데 성공하고 있다. 그럼에도 불구하고 그는 과작의 시인이다.

문고리 당겨도 문이 꽉 잠겨 있다
슬며시 문고리 다시 당긴다

내가 듣지 못한 작은 숨소리
통증으로 헤매는 닫힌 마음이
방 안에 혼자 있다

삶보다 더 오래 남을 수 있는 일에
계획조차 한 일 없는 책망의 대답인지
물 속 멈출 수 없는 숨은 너울 같은
오래 소리치고 싶었던 그 무엇

잠긴 문고리 쥐고
다시 달아오를 수 있는
뜨거운 방향을 묻는다
—「미명에」 전문

나는 「미명에」의 마지막 행 〈뜨거운 방향〉에 방점을 찍는다. 이 작품은 시인의 시정신이 창작 과정에서 얼마나 치열하게 작동하고 있는지를 생생하게 보여주고 있다. 바로 이 지점에서 그가 다산의 시인이 되기 어려운 정황을 본다. 시 세계의 방향이 너무 〈뜨거〉우며, 그 방향을 묻는 자세가 너무 준엄한 것 같다. 한 편의 시를 위해 〈꽃밭 가장자리 끝동 댄 듯/어디 깊고 푸른 비문에 새겨둘/젖은 집 한 채 짊어지고/쉼없이 가고 있〉(「달팽이」)는 것이다. 이처럼 엄격한 모색과 자기 검증을 거쳐 한 편 한 편 〈깊고 푸른 비문에 새〉기듯이 써서는 많은 작품을 쓰기 어렵지 않겠는가. 그의 두 번째 시집은 그가 〈다시 달아오르〉지 않아도 될 만큼 이미 충분히 〈뜨거〉우며, 시를 전개해 나가는 방향성 또한 아름답게 설정되어 있음을 보여주고 있다. 시의 정신은 치열해야 하고 전개해 나가는 방식은 정교해야 한다. 그러나 그걸 터득하고 난 다음에는 그 틀을 넘어서서 자유로워져야 한다고 생각한다. 바로 그 지점에서 서정은 꽃을 피우고 열매를 맺는다.

5

장혜랑은 〈곧 가벼워질 거야/누군가와 또 한 고개 넘는/때론 무거운 짐 진 것이/작은 디딤돌로 바뀔 때//세상 어디에 숨겨진 믿음이 있어/가슴 밑바닥 따스해지는 그런/ 사람 만난 것 같다〉(「짐」)고 노래하고 있다. 이 시집은 그가 무거운 관념을 내려놓고 서정적으로 〈가벼워질〉 때, 〈무거운 짐〉이 〈디딤돌로 바뀔 때〉, 그의 작품은 「수묵화 치는 밤」과 같은, 〈눈부신 천형〉과 같은 참으로 눈부신 모순 형용에 갇힌〈여린 꽃봉오리〉(「봄눈」)와 같은, 〈스무살 그때/우리들의 거리인 듯/함박눈 속 꽃사슴 같이 붉게 뛰며/동성로에 긴 머플러 휘날리던 청춘〉(누구시던가」)과도 같은, 그야말로 〈가슴 밑바닥 따스해지는 그런/사람〉과 같은 아름다운 시편들로 빚어지고 있음을 본다. 그가 보다 더 가벼운 발걸음으로, 보다 더 자유로운 상상력으로 시의 행간 속으로 걸어 들어갈 때, 우리는 의외로 빠른 시간 안에 그의 세 번째 시집을 만나게 될 수 있으리라 생각한다. 그렇게 되기를 바란다.

만인시인선 67

수묵화 치는 밤

초판 인쇄 2019년 5월 25일
초판 발행 2019년 5월 31일

지은이 / 장 혜 랑
펴낸이 / 박 진 환

펴낸 곳 / 만인사
출판등록 / 1996년 4월 20일 제03-01-306호
주소 / 41960 대구광역시 중구 명륜로 116
전화 / (053)422-0550
팩스 / (053)426-9543
전자우편 / maninsa@hanmail.net
홈페이지 / www.maninsa.co.kr

ISBN 978-89-6349-134-9 03810

값 9,000원

* 이 도서의 국립중앙도서관 출판시도서목록(CIP)은 서지정보유통지원시스템 홈페이지(http://seoji.nl.go.kr)와 국가자료공동목록시스템(http://www.nl.go.kr/kolisnet)에서 이용하실 수 있습니다(CIP제어번호 : CIP2019020732).